BEI GRIN MACHT SICH IHR WISSEN BEZAHLT

AF144249

- Wir veröffentlichen Ihre Hausarbeit,
  Bachelor- und Masterarbeit

- Ihr eigenes eBook und Buch -
  weltweit in allen wichtigen Shops

- Verdienen Sie an jedem Verkauf

Jetzt bei www.GRIN.com hochladen und kostenlos publizieren

Madleen Wendt

Vergleich der Gedichte „Abend" (1650) von Andreas Gryphius und „Verfall" (1913) von Georg Trakl

GRIN Verlag

Bibliografische Information der Deutschen Nationalbibliothek:

Die Deutsche Bibliothek verzeichnet diese Publikation in der Deutschen National-
bibliografie; detaillierte bibliografische Daten sind im Internet über http://dnb.d-
nb.de/ abrufbar.

Impressum:

Copyright © 2010 GRIN Verlag GmbH
Druck und Bindung: Books on Demand GmbH, Norderstedt Germany
ISBN: 978-3-656-61065-6

Dieses Buch bei GRIN:

http://www.grin.com/de/e-book/269884/vergleich-der-gedichte-abend-1650-von-
andreas-gryphius-und-verfall

GRIN - Your knowledge has value

Der GRIN Verlag publiziert seit 1998 wissenschaftliche Arbeiten von Studenten, Hochschullehrern und anderen Akademikern als eBook und gedrucktes Buch. Die Verlagswebsite www.grin.com ist die ideale Plattform zur Veröffentlichung von Hausarbeiten, Abschlussarbeiten, wissenschaftlichen Aufsätzen, Dissertationen und Fachbüchern.

Besuchen Sie uns im Internet:

http://www.grin.com/

http://www.facebook.com/grincom

http://www.twitter.com/grin_com

Vergleich der Gedichte „Abend" (1650) von Andreas Gryphius und „Verfall" (1913) von Georg Trakl

Das Gedicht „Abend" von Andreas Gryphius, welches 1650 verfasst wurde, handelt vom trostlosen, einsamen und dem Verfall preisgegebenen Diesseits und von der Sehnsucht nach dem Jenseits.

Bei der formalen Betrachtung fällt auf, dass das Gedicht aus zwei Quartetten (Strophen zu je vier Versen) und zwei Terzetten (Strophen zu je drei Versen) besteht, wonach es der Gedichtform des Sonetts zuzuordnen ist. Auch das Reimschema ist das eines Sonetts: Die Quartette beinhalten einen umarmenden Reim (abba;cddc), während das Reimschema der Terzette das eines Schweifreimes ist (eef;ggf). Dies zeugt also von einer strengen Einhaltung der gewählten Form des Sonetts.

In der Metrik liegt ein Jambus vor, dem in einigen Versen ein Auftakt vorangeht (Bsp.: „Laß, höchster Gott"; Vers 9). Die Kadenzen sind bis auf die letzten Verse der Terzette durchgehend weiblich („waren"; Vers 3 und „wachen"; Vers 12).

Inhaltlich ist zu bemerken, dass der formale Einschnitt einer inhaltlichen Zäsur entspricht. So ist das Thema der ersten beiden Strophen die Kritik am diesseitigen Leben, während die Terzette die Sehnsucht des lyrischen Ichs wiedergeben.

Um den Inhalt eingehender zu beleuchten, widme ich mich nun der sprachlichen und stilistischen Gestaltung.

Die erste Strophe ist dem Zeitaspekt des Lebens gewidmet. Schon im ersten Vers wird das rhetorische Mittel des Parallelismus und des Enjambements im zweiten Vers verwendet, was durch Beschleunigung des Leseflusses die Hektik, das schnelle Vergehen des Lebens verdeutlicht. Mit der Gegenüberstellung von „Tag" und „Nacht" (Vers 1) wird Kritik am schnellvergehenden Alltag deutlich („Der schnelle Tag ist hin"), der nur mit Arbeiten auf dem Feld verbracht wurde. Mit dem Ausruf „Wie ist die Zeit vertan!" (Vers 4) betont Gryphius seine Sichtweise auf das Verbringen der Tage mit mühevoller Arbeit. Auffällig ist zudem, dass die Arbeiter als Kollektiv wahrgenommen werden: „müden Scharen" (Vers 2), was zeigt, dass die Menschen nicht als Individuum wahrgenommen werden; dass sie in „Scharen" das Feld verlassen deutet vielmehr darauf hin, dass der Tagesablauf eines jeden gleich ist und sie sich auch nicht dagegen wehren können.

Im zweiten Quartett wird eine Metapher, die des „Ports" (Vers 5) verwendet; das Wort bedeutet Hafen und meint im übertragenen Sinn das Ziel des Leben, das Ende des Lebensweges. Das Nahen dieses Ports wirkt durch die Wiederholung „mehr und mehr" (Vers 5) bedrohlich und unaufhaltsam. Auch die Personifizierung des Hafens, der sich dem Mensch nähert und somit die Verdrehung der Rollen, denn der Port als Subjekt nähert sich, nicht die Menschen dem Tod, verdeutlicht, dass der Mensch dem nicht ausweichen kann.

Im Folgenden wird die Dämmerung (der Übergang von Tag zur Nacht) aus Vers 1 als Vergleich für den Verfall wiederaufgenommen (vgl. Vers 6). Dass auch der Verfall naht wird durch die Wortwahl „in wenig Jahren" und durch das beschleunigende Enjambement verstärkt. Die Vergänglichkeit des Diesseits wird durch die Aufzählung „Ich, du, …" und die Wiederholung „was man hat", „was man sieht", die gleichzeitig einen Parallelismus darstellt, hervorgehoben. Der letzte Vers des Quartetts gibt wie schon im vorausgegangenen ersten Quartett eine persönliche Meinung des lyrischen Ichs wieder: „Dies Leben kömmt mir vor als eine Rennebahn" (Vers 8). Mit der Metapher „Rennebahn" assoziiert der Rezipient Hektik, Geschwindigkeit, Wettstreit und Gewinnsucht, was darauf schließen lässt, dass das lyrische Ich das Leben als zu schnell empfindet. Gleichzeitig impliziert diese Metapher auch, dass die Menschen nur genuss-, sensations- und gewinnsüchtig sind.

Die beiden Terzette brechen mit den nüchternen Beschreibungen der Quartette, die nur im jeweils letzten Vers wertend sind), indem das lyrische Ich Gott anredet. Der erste Vers beinhaltet die Kritik des letzten Ausrufs, nur wird das Leben mit einem „Laufplatz" statt einer Rennebahn verglichen. Durch das Verb „gleiten" ist impliziert, dass das lyrische ich aus diesem Leben entfliehen will, aber keinen Halt findet (abgeleitet) und so auf dieser Rennebahn bleiben muss. Die zwei ersten Zeilen des ersten Terzetts beinhalten ein Anflehen Gottes („Laß, höchster Gott…"; Vers 9), was durch die Anapher des Versbeginns „Laß" betont wird. Die Aufzählung in Vers 10 und die Wiederholung des Wortes „nicht" zeigt deutlich auf, dass das lyrische Ich das diesseitige Leben nicht leben und seinen Verleitungen nicht verfallen will. Das lyrische Ich verklärt in Vers 11 das Jenseits: „Dein ewig heller Glanz".

Das letzte Terzett verneint nicht mehr, sondern übermittelt die Wünsche des lyrischen Ichs. Hier wird die Welt, aus der es entfliehen will als „Tal der Finsternis" bezeichnet, was die negative Sicht auf das Diesseits bis zuletzt deutlich macht.

Abschließend ist zum Sonett Gryphius´ zu sagen, dass das schnelle, sinnlose Vergehen des Lebens durch die Parallelismen und Enjambements verstärkt wird, die Sehnsüchte und Wünsche dagegen mit verklärenden, feierlichen Ausdrücken und der Anrede Gottes. Die strenge Form des Sonetts sowie die fast durchgehend weiblichen Kadenzen stehen im Gegensatz zum Inhalt des Gedichtes.

Das zweite zu analysierende Gedicht ist von Georg Trakl im Jahre 1913 verfasst worden und trägt den Namen „Verfall".

Formal lässt sich eine Gemeinsamkeit zum ersten Gedicht feststellen, da auch hier die Gedichtform eines Sonetts vorliegt, was man an der Aufteilung in zwei Quartette und zwei Terzette erkennen kann. Im Reimschema liegt ebenfalls in den Quartetten ein umarmender Reim (abba;cddc) vor, während sich dieses in den Terzetten von dem des ersten Gedichts unterscheidet; hier liegt kein Schweifreim vor, sondern die folgende Reimreihe: efefef.

Sodann fällt auf, dass die Reime größtenteils unrein sind (Bsp.: „Geschicken"-„rücken"; Vers 6 bzw. 7), außer denen in den Terzetten, während im ersten Gedicht bis auf eine Ausnahme reine Reime vorliegen.

Das Metrum ist im Gegensatz zu dem Sonett von Gryphius, welches im Metrum wie auch in den Kadenzen wenige Ausnahmen aufweist, ein durchgehender Jambus; auch die Kadenzen sind durchgehend weiblich.

Inhaltlich stimmt auch in Trakls Sonett die formale Zäsur mit einer inhaltlichen überein: In den ersten beiden Strophen, den Quartetten, wird ein positiv verklärtes Naturbild entworfen, während in den Terzetten in düsterer Stimmung die Angst vor dem Zerfall das lyrische Ich befällt.

Das positive Bild wird in den Quartetten erzeugt durch positiv konnotierte Adjektive wie „wundervoll", „fromm", „klar", „hell" (Vers 2,3,4, 6). Da keine Enjambements vorhanden sind und nach jedem Vers eine Pause den Lesefluss unterbricht, wirkt das Gedicht im Gegensatz zu Gryphius Hektik ruhig und ausgeglichen. Auch die Konjunktion „und" am Versanfang und eine Parenthese in Vers 3 „die lang geschart, gleich fromm Pilgerzügen, ..." verlangsamen den Lesefluss zusätzlich.

Nur der „dämmervolle Garten" in Vers 5 und das Träumen an „hellere Geschichte" zeugt von einem schlechten Zustand, aus dem sich das lyrische Ich in bessere Zeiten hinweg träumen muss. In Vers 7 wird die Illusion hergestellt, dass die Zeit stilsteht („fühl der Stunden Weiser kaum mehr rücken"), also der schlechte Zustand verdrängt wird.

Den inhaltlichen Einschnitt leitet das Wort „Da" in Vers 9 ein. In den Terzetten findet nun ein Umbruch der Stimmung statt: „Da macht ein Hauch mich von Verfall erzittern". Folgend werden im Gegensatz zu den ersten beiden Strophen negativ assoziierende Adjektive verwendet: „entlaubt", „rostig", „blass", „dunkel", „fröstelnd" (Verse 10,11,12,13,14), die somit mit an der Erzeugung der düsteren Stimmung beteiligt sind. Auch die Verben beschreiben negative Vorgänge (Bsp.: „klagen"; Vers 10).

Der im ersten Vers der dritten Strophe, dem ersten Terzett, angeschlossene Verfall wird nun in vielfältigen Bildern beschrieben: In Vers 10 mit der Entlaubung (Herbst), in Vers 11 mit Verrostung von Metall und in Vers 13 mit dem Bild verwitternder Brunnen. Jedes Mal werden diese negativen Bilder mit positiven verbunden: „Amsel", „Wein", „Kinder", „lebensspendender Brunnen" (Verse 10,11,12,13). Dies lässt die Verfallsprozesse besonders bedrohlich und eindringlich erscheinen.

Während das lyrische Ich also in den ersten beiden Strophen das Fortschreiten der Zeit (das „rücken" des „Stunden Weiser"; Vers 7) und das Alter und damit den Verfall zu verdrängen versucht, haben die Terzette die Funktion von dieser Illusion des Verdrängen und Aufhalten Könnens zu befreien und den Verfall als natürlichen Prozess darzustellen.

Zu sprachlichen Gestaltung lässt sich sagen, dass besonders durch die beim Leser automatisch hervorgerufene Konnotation von Wörtern zuerst eine trügerische positive und dann eine desillusionierende, düstere, hoffnungslose Stimmung erzeugt wird.

In beiden Gedichten ist das Hauptmotiv der Verfall, in Trakls Gedicht explizit benannt, in Gryphius´ Sonett dadurch ausgedrückt, dass alles diesseitige „hinfahren" (Vers 7) wird. Während Trakls Sonett nur diesen einen Aspekt, den des Verdrängen Wollens des Alters, der Zeit und die Angst vor dem Zerfall, behandelt, deckt das erste bearbeitete Gedicht noch weitere Aspekte wie den der Hektik, die Sinnlosigkeit des Alltags, das Vertun der Zeit sowie die Kritik am Wettstreit, an der Genuss- und Gewinnsucht des diesseitigen Lebens zusätzlich auf.

Auch wenn Gryphius in seinen Quartetten das schnelle Vergehen der Zeit und die ungenutzte Zeit kritisiert, wird in den Terzetten eine andere Sichtweise deutlich: Das lyrische Ich kann es nicht schnell genug gehen, ins Jenseits zu gelangen, während das lyrische Ich Trakls offenbar genau davor Angst hat. Auch hier liegt ein Unterschied in der Reihenfolge vor: Gryphius stellt erst die negative Sicht dar und gibt dann die Hoffnung auf das Diesseits als Lösung an, während Trakl in den Quartetten zuerst eine Illusion aufbaut, die in den Terzetten zerstört wird. Dies zeigt, dass Gryphius eine Hoffnung aufzeigen wollte, die Trakl nicht besitzt. Dieser bedeutende Unterschied ist hauptsächlich dadurch zu erklären, dass die beiden Sonette zu unterschiedlichen Zeiten verfasst wurden.

Zu Gryphius Lebzeiten (1616-1664) herrschte ein religiös geprägtes Weltbild vor, das einen Glauben an ein Dies- und ein Jenseits vorschrieb und zudem lehrte, dass das irdische Leben vergänglich sei und nur das Jenseits zähle. So ist die Sehnsucht nach dem Jenseits des lyrischen Ichs zu erklären und auch der Umstand, dass dieses als einziger Hoffnungsträger fungiert.

Trakl hat fast drei Jahrhunderte später gelebt und da das zu dieser Zeit vorherrschende Weltbild kaum noch religiöse Ansichten beinhaltete, vor allem aber der Glaube an ein Jenseits, an ein Leben nach dem Tod immer unplausibler schien, fehlt im Gedicht Trakls die Fluchtmöglichkeit in das Jenseits. Dass das lyrische Ich Angst vor dem Verfall, dem Altwerden und nicht vor dem Tod hegt, kann man daraus schließen, dass sich der Autor schon mit 29 Jahren umbrachte.

Durch die zeitliche Einordnung und die herausgearbeiteten Sichtweisen auf das Leben und die Vergänglichkeit, lassen sich die beiden Gedichte leicht in eine jeweilige literarische Epoche zuordnen.

Das Sonett „Abend" von Gryphius ist dem Barock zuzuordnen, da diese Epoche von einem noch mittelalterlichen und damit einem sehr religiös geprägten Weltbild gezeichnet war. Auch die Sprache, die veralteten Ausdrücke wie „itzt", „traurt", „Rennebahn" lässt auf diese Epoche schließen. Gerade in den Terzetten ist die Sprache außerdem sehr feierlich, rhetorisch ausgeschmückt und schwülstig, wie es typisch für den Barock war. Die verwendete Gedichtform stammt des Weiteren aus dieser Epoche und wurde auch von Trakl benutzt. Auch bei Trakl steht der Inhalt antithetisch zur strengen Form (vor allem in den Terzetten). Auch wenn die Form nicht für den Expressionismus spricht, so weist bereits der Titel „Verfall" auf eines der Hauptmotive dieser Epoche des 20.Jahrhunderts hin. Die desillusionierende Stimmung in den letzte beiden Strophen zeugt nicht nur vom Einfluss des Expressionismus, sondern war bezeichnend für die Motivation der Expressionisten, sich mit düsteren Themen zu beschäftigen: Die Industrialisierung und Verstädterung, die Säkularisierung sowie der beginnende erste Weltkrieg, aber auch die kulturpessimistischen Einflüsse Nietzsches prägten die Stimmung des Expressionismus.

Abschließend ist festzustellen, dass sich die Gedichte formal ähneln und das gleiche Thema, das des Zerfalls behandeln, die Sichtweise auf dieses gemeinsame Motiv jedoch eine gänzlich andere ist, sowie auch die Konsequenzen, die die Autoren aus dem Zerfall ziehen, bzw. ob sie eine Lösung für sich finden können. Diese Unterschiede sind durch die epochalen Einflüsse des Barocks und des Expressionismus und der zu diesen Zeiten verschiedenen Weltbilder zu erklären.